WILLIAM WEGN

2004 DESK C

HARRY N. ABRAMS, INC., PUBLISHERS

29 | *M*

30 | *T*

31 | *W*

NEW YEAR'S DAY 1 | *T*

2 | *F*

3 | *S*

4 | *S*

DECEMBER

	1	2	3	4	5	6
7	8	9	10	11	12	13
14	15	16	17	18	19	20
21	22	23	24	25	26	27
28	29	30	31			

JANUARY

				1	2	3
4	5	6	7	8	9	10
11	12	13	14	15	16	17
18	19	20	21	22	23	24
25	26	27	28	29	30	31

FEBRUARY

1	2	3	4	5	6	7
8	9	10	11	12	13	14
15	16	17	18	19	20	21
22	23	24	25	26	27	28
29						

JANUARY

5 | *M* TWELFTH NIGHT

6 | *T*

7 | *W* FULL MOON ●

8 | *T*

9 | *F*

10 | *S*

11 | *S*

Burrow, **1995**

DECEMBER

	1	2	3	4	5	6
7	8	9	10	11	12	13
14	15	16	17	18	19	20
21	22	23	24	25	26	27
28	29	30	31			

JANUARY

				1	2	3
4	5	6	7	8	9	10
11	12	13	14	15	16	17
18	19	20	21	22	23	24
25	26	27	28	29	30	31

FEBRUARY

1	2	3	4	5	6	7
8	9	10	11	12	13	14
15	16	17	18	19	20	21
22	23	24	25	26	27	28
29						

JANUARY

12 | *M*

13 | *T*

14 | *W*

15 | *T*

Mission, **1999**

16 | *F*

17 | *S*

18 | *S*

DECEMBER

	1	2	3	4	5	6
7	8	9	10	11	12	13
14	15	16	17	18	19	20
21	22	23	24	25	26	27
28	29	30	31			

JANUARY

				1	2	3
4	5	6	7	8	9	10
11	12	13	14	15	16	17
18	19	20	21	22	23	24
25	26	27	28	29	30	31

FEBRUARY

1	2	3	4	5	6	7
8	9	10	11	12	13	14
15	16	17	18	19	20	21
22	23	24	25	26	27	28
29						

JANUARY

19 | *M* MARTIN LUTHER KING, JR. DAY

20 | *T*

21 | *W* CHINESE NEW YEAR
NEW MOON ○

22 | *T*

23 | *F*

24 | *S*

25 | *S*

Fresh Legs, **1999**

DECEMBER

	1	2	3	4	5	6
7	8	9	10	11	12	13
14	15	16	17	18	19	20
21	22	23	24	25	26	27
28	29	30	31			

JANUARY

				1	2	3
4	5	6	7	8	9	10
11	12	13	14	15	16	17
18	19	20	21	22	23	24
25	26	27	28	29	30	31

FEBRUARY

1	2	3	4	5	6	7
8	9	10	11	12	13	14
15	16	17	18	19	20	21
22	23	24	25	26	27	28
29						

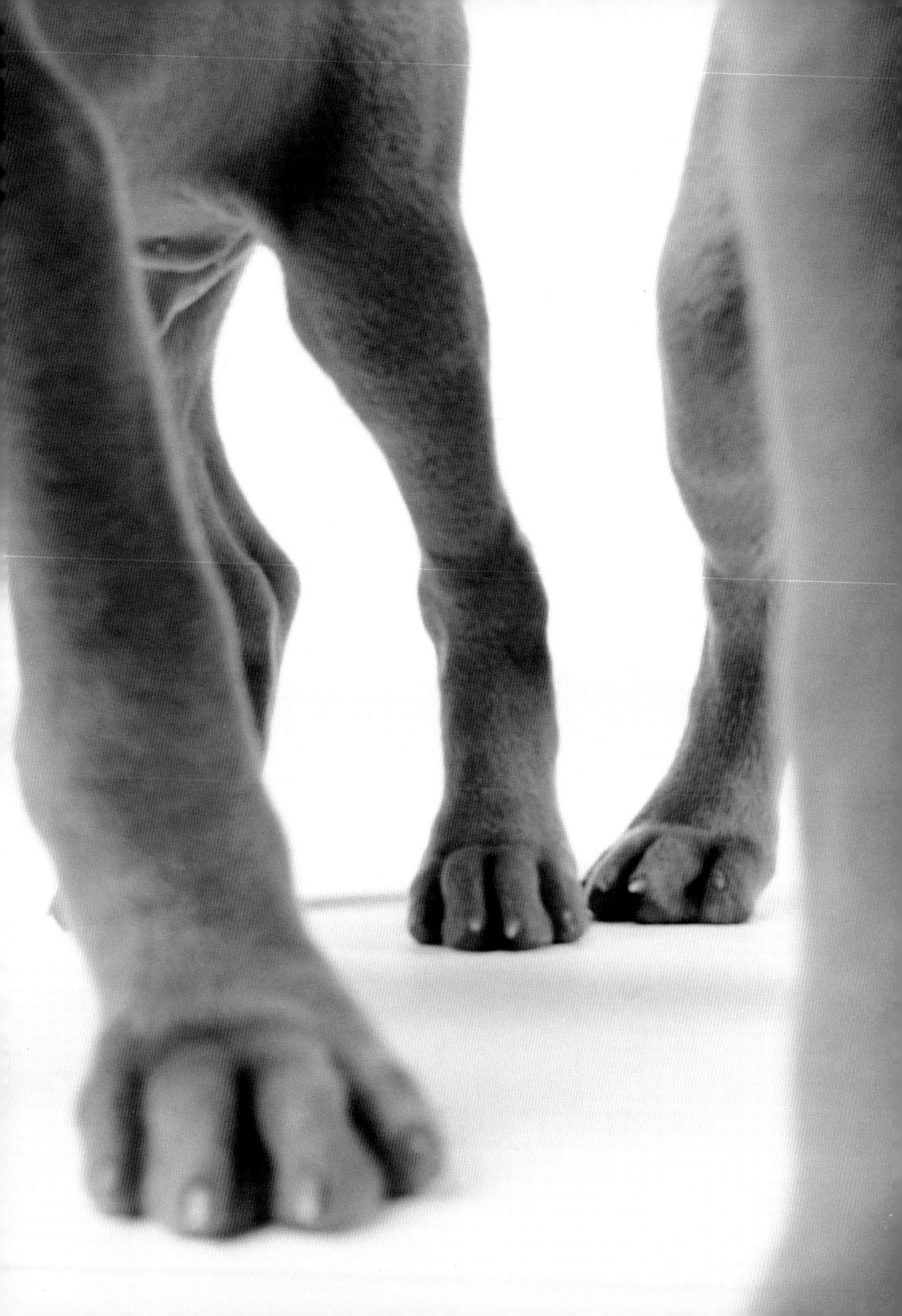

26 | *M*

27 | *T*

28 | *W*

29 | *T*

Little Big Head, **1989**

30 | *F*

31 | *S*

1 | *S*

JANUARY

				1	2	3
4	5	6	7	8	9	10
11	12	13	14	15	16	17
18	19	20	21	22	23	24
25	26	27	28	29	30	31

FEBRUARY

1	2	3	4	5	6	7
8	9	10	11	12	13	14
15	16	17	18	19	20	21
22	23	24	25	26	27	28
29						

MARCH

	1	2	3	4	5	6
7	8	9	10	11	12	13
14	15	16	17	18	19	20
21	22	23	24	25	26	27
28	29	30	31			

FEBRUARY

2 | *M* GROUNDHOG DAY

3 | *T*

4 | *W*

5 | *T*

6 | *F* FULL MOON ●

7 | *S*

8 | *S*

Sleep Group, **1997**

JANUARY

				1	2	3
4	5	6	7	8	9	10
11	12	13	14	15	16	17
18	19	20	21	22	23	24
25	26	27	28	29	30	31

FEBRUARY

1	2	3	4	5	6	7
8	9	10	11	12	13	14
15	16	17	18	19	20	21
22	23	24	25	26	27	28
29						

MARCH

	1	2	3	4	5	6
7	8	9	10	11	12	13
14	15	16	17	18	19	20
21	22	23	24	25	26	27
28	29	30	31			

FEBRUARY

9 | *M*

10 | *T*

11 | *W*

LINCOLN'S BIRTHDAY

12 | *T*

Be Mine, 2001

13 | *F*

VALENTINE'S DAY

14 | *S*

15 | *S*

JANUARY

				1	2	3
4	5	6	7	8	9	10
11	12	13	14	15	16	17
18	19	20	21	22	23	24
25	26	27	28	29	30	31

FEBRUARY

1	2	3	4	5	6	7
8	9	10	11	12	13	14
15	16	17	18	19	20	21
22	23	24	25	26	27	28
29						

MARCH

	1	2	3	4	5	6
7	8	9	10	11	12	13
14	15	16	17	18	19	20
21	22	23	24	25	26	27
28	29	30	31			

FEBRUARY

16 | *M* PRESIDENTS' DAY

17 | *T*

18 | *W*

19 | *T*

20 | *F* NEW MOON ○

21 | *S* ISLAMIC NEW YEAR (BEGINS SUNDOWN)

22 | *S* WASHINGTON'S BIRTHDAY

Telescoping, **2002**

JANUARY

				1	2	3
4	5	6	7	8	9	10
11	12	13	14	15	16	17
18	19	20	21	22	23	24
25	26	27	28	29	30	31

FEBRUARY

1	2	3	4	5	6	7
8	9	10	11	12	13	14
15	16	17	18	19	20	21
22	23	24	25	26	27	28
29						

MARCH

	1	2	3	4	5	6
7	8	9	10	11	12	13
14	15	16	17	18	19	20
21	22	23	24	25	26	27
28	29	30	31			

FEBRUARY

23 | *M*

MARDI GRAS (SHROVE TUESDAY) **24** | *T*

ASH WEDNESDAY **25** | *W*

26 | *T*

4 pt. Landing, **1990**

27 | *F*

28 | *S*

29 | *S*

JANUARY

				1	2	3
4	5	6	7	8	9	10
11	12	13	14	15	16	17
18	19	20	21	22	23	24
25	26	27	28	29	30	31

FEBRUARY

1	2	3	4	5	6	7
8	9	10	11	12	13	14
15	16	17	18	19	20	21
22	23	24	25	26	27	28
29						

MARCH

	1	2	3	4	5	6
7	8	9	10	11	12	13
14	15	16	17	18	19	20
21	22	23	24	25	26	27
28	29	30	31			

MARCH

1 | *M*

2 | *T*

3 | *W*

Flying Dumbo, **1993**

4 | *T*

5 | *F*

6 | *S*

PURIM (BEGINS SUNDOWN)
FULL MOON ●

7 | *S*

FEBRUARY

1	2	3	4	5	6	7
8	9	10	11	12	13	14
15	16	17	18	19	20	21
22	23	24	25	26	27	28
29						

MARCH

	1	2	3	4	5	6
7	8	9	10	11	12	13
14	15	16	17	18	19	20
21	22	23	24	25	26	27
28	29	30	31			

APRIL

				1	2	3
4	5	6	7	8	9	10
11	12	13	14	15	16	17
18	19	20	21	22	23	24
25	26	27	28	29	30	

cured plaster
and masonry,
and leveling
Can be used
as an effective
vapor barrier

MARCH

8 | *M*

9 | *T*

10 | *W*

11 | *T*

Primer, 2001

12 | *F*

13 | *S*

14 | *S*

FEBRUARY

1	2	3	4	5	6	7
8	9	10	11	12	13	14
15	16	17	18	19	20	21
22	23	24	25	26	27	28
29						

MARCH

	1	2	3	4	5	6
7	8	9	10	11	12	13
14	15	16	17	18	19	20
21	22	23	24	25	26	27
28	29	30	31			

APRIL

				1	2	3
4	5	6	7	8	9	10
11	12	13	14	15	16	17
18	19	20	21	22	23	24
25	26	27	28	29	30	

MARCH

15 | *M*

16 | *T*

17 | *W* ST. PATRICK'S DAY

Coat Day, **2001**

18 | *T*

19 | *F*

20 | *S* VERNAL EQUINOX
NEW MOON ○

21 | *S*

FEBRUARY

1	2	3	4	5	6	7
8	9	10	11	12	13	14
15	16	17	18	19	20	21
22	23	24	25	26	27	28
29						

MARCH

	1	2	3	4	5	6
7	8	9	10	11	12	13
14	15	16	17	18	19	20
21	22	23	24	25	26	27
28	29	30	31			

APRIL

				1	2	3
4	5	6	7	8	9	10
11	12	13	14	15	16	17
18	19	20	21	22	23	24
25	26	27	28	29	30	

MARCH

22 | *M*

23 | *T*

24 | *W*

25 | *T*

Is What For?, **1999**

						FEBRUARY
1	2	3	4	5	6	7
8	9	10	11	12	13	14
15	16	17	18	19	20	21
22	23	24	25	26	27	28
29						

26 | *F*

						MARCH
	1	2	3	4	5	6
7	8	9	10	11	12	13
14	15	16	17	18	19	20
21	22	23	24	25	26	27
28	29	30	31			

27 | *S*

						APRIL
				1	2	3
4	5	6	7	8	9	10
11	12	13	14	15	16	17
18	19	20	21	22	23	24
25	26	27	28	29	30	

28 | *S*

MARCH &
APRIL

29 | *M*

30 | *T*

31 | *W*

1 | *T* — APRIL FOOLS' DAY

2 | *F*

3 | *S*

4 | *S* — PALM SUNDAY
DAYLIGHT SAVING TIME BEGINS

Walk Off, **2001**

MARCH

	1	2	3	4	5	6
7	8	9	10	11	12	13
14	15	16	17	18	19	20
21	22	23	24	25	26	27
28	29	30	31			

APRIL

				1	2	3
4	5	6	7	8	9	10
11	12	13	14	15	16	17
18	19	20	21	22	23	24
25	26	27	28	29	30	

MAY

						1
2	3	4	5	6	7	8
9	10	11	12	13	14	15
16	17	18	19	20	21	22
23	24	25	26	27	28	29
30	31					

APRIL

PASSOVER (BEGINS SUNDOWN)
FULL MOON ●

5 | *M*

6 | *T*

7 | *W*

8 | *T*

Worry About Weather, **2002**

GOOD FRIDAY

9 | *F*

10 | *S*

EASTER SUNDAY

11 | *S*

MARCH

	1	2	3	4	5	6
7	8	9	10	11	12	13
14	15	16	17	18	19	20
21	22	23	24	25	26	27
28	29	30	31			

APRIL

				1	2	3
4	5	6	7	8	9	10
11	12	13	14	15	16	17
18	19	20	21	22	23	24
25	26	27	28	29	30	

MAY

						1
2	3	4	5	6	7	8
9	10	11	12	13	14	15
16	17	18	19	20	21	22
23	24	25	26	27	28	29
30	31					

APRIL

12 | *M*

13 | *T*

14 | *W*

15 | *T*

16 | *F*

17 | *S*

18 | *S* NATIONAL LIBRARY WEEK BEGINS

Quite A Feet, **2002**

MARCH

	1	2	3	4	5	6
7	8	9	10	11	12	13
14	15	16	17	18	19	20
21	22	23	24	25	26	27
28	29	30	31			

APRIL

				1	2	3
4	5	6	7	8	9	10
11	12	13	14	15	16	17
18	19	20	21	22	23	24
25	26	27	28	29	30	

MAY

						1
2	3	4	5	6	7	8
9	10	11	12	13	14	15
16	17	18	19	20	21	22
23	24	25	26	27	28	29
30	31					

NEW MOON ○

19 | *M*

20 | *T*

21 | *W*

EARTH DAY
TAKE OUR DAUGHTERS AND SONS TO WORK DAY

22 | *T*

23 | *F*

24 | *S*

25 | *S*

MARCH

	1	2	3	4	5	6
7	8	9	10	11	12	13
14	15	16	17	18	19	20
21	22	23	24	25	26	27
28	29	30	31			

APRIL

				1	2	3
4	5	6	7	8	9	10
11	12	13	14	15	16	17
18	19	20	21	22	23	24
25	26	27	28	29	30	

MAY

						1
2	3	4	5	6	7	8
9	10	11	12	13	14	15
16	17	18	19	20	21	22
23	24	25	26	27	28	29
30	31					

APRIL *&*
MAY

26 | *M*

27 | *T*

28 | *W*

29 | *T*

30 | *F*

EL DÍA DE LOS NIÑOS /
EL DÍA DE LOS LIBROS
(CHILDREN'S DAY / BOOK DAY)

1 | *S*

MAY DAY

2 | *S*

Trio, **1989**

APRIL

				1	2	3
4	5	6	7	8	9	10
11	12	13	14	15	16	17
18	19	20	21	22	23	24
25	26	27	28	29	30	

MAY

						1
2	3	4	5	6	7	8
9	10	11	12	13	14	15
16	17	18	19	20	21	22
23	24	25	26	27	28	29
30	31					

JUNE

		1	2	3	4	5
6	7	8	9	10	11	12
13	14	15	16	17	18	19
20	21	22	23	24	25	26
27	28	29	30			

MAY

3 | *M*

FULL MOON ●

4 | *T*

CINCO DE MAYO (MEXICO)

5 | *W*

6 | *T*

Acrobat, **1989**

7 | *F*

8 | *S*

MOTHER'S DAY

9 | *S*

APRIL

				1	2	3
4	5	6	7	8	9	10
11	12	13	14	15	16	17
18	19	20	21	22	23	24
25	26	27	28	29	30	

MAY

						1
2	3	4	5	6	7	8
9	10	11	12	13	14	15
16	17	18	19	20	21	22
23	24	25	26	27	28	29
30	31					

JUNE

		1	2	3	4	5
6	7	8	9	10	11	12
13	14	15	16	17	18	19
20	21	22	23	24	25	26
27	28	29	30			

MAY

10 | *M*

11 | *T*

12 | *W*

13 | *T*

14 | *F*

15 | *S* ARMED FORCES DAY

16 | *S*

Young Chundo, **1989**

APRIL

				1	2	3
4	5	6	7	8	9	10
11	12	13	14	15	16	17
18	19	20	21	22	23	24
25	26	27	28	29	30	

MAY

						1
2	3	4	5	6	7	8
9	10	11	12	13	14	15
16	17	18	19	20	21	22
23	24	25	26	27	28	29
30	31					

JUNE

		1	2	3	4	5
6	7	8	9	10	11	12
13	14	15	16	17	18	19
20	21	22	23	24	25	26
27	28	29	30			

MAY

17 | *M*

18 | *T*

NEW MOON ○

19 | *W*

20 | *T*

Rock & Clover, **1993**

21 | *F*

22 | *S*

23 | *S*

APRIL

				1	2	3
4	5	6	7	8	9	10
11	12	13	14	15	16	17
18	19	20	21	22	23	24
25	26	27	28	29	30	

MAY

						1
2	3	4	5	6	7	8
9	10	11	12	13	14	15
16	17	18	19	20	21	22
23	24	25	26	27	28	29
30	31					

JUNE

		1	2	3	4	5
6	7	8	9	10	11	12
13	14	15	16	17	18	19
20	21	22	23	24	25	26
27	28	29	30			

MAY

24 | *M* VICTORIA DAY (CANADA)

25 | *T*

26 | *W*

27 | *T*

28 | *F*

29 | *S*

30 | *S* MEMORIAL DAY

Chip, **1993**

APRIL

				1	2	3
4	5	6	7	8	9	10
11	12	13	14	15	16	17
18	19	20	21	22	23	24
25	26	27	28	29	30	

MAY

						1
2	3	4	5	6	7	8
9	10	11	12	13	14	15
16	17	18	19	20	21	22
23	24	25	26	27	28	29
30	31					

JUNE

		1	2	3	4	5
6	7	8	9	10	11	12
13	14	15	16	17	18	19
20	21	22	23	24	25	26
27	28	29	30			

MEMORIAL DAY (OBSERVED) **31** | *M*

1 | *T*

2 | *W*

FULL MOON ● **3** | *T*

4 | *F*

5 | *S*

6 | *S*

Squirrel, **2001**

MAY

						1
2	3	4	5	6	7	8
9	10	11	12	13	14	15
16	17	18	19	20	21	22
23	24	25	26	27	28	29
30	31					

JUNE

		1	2	3	4	5
6	7	8	9	10	11	12
13	14	15	16	17	18	19
20	21	22	23	24	25	26
27	28	29	30			

JULY

				1	2	3
4	5	6	7	8	9	10
11	12	13	14	15	16	17
18	19	20	21	22	23	24
25	26	27	28	29	30	31

JUNE

7 | *M*

8 | *T*

9 | *W*

10 | *T*

11 | *F*

12 | *S*

13 | *S*

Partly Cloudy, **2001**

MAY

						1
2	3	4	5	6	7	8
9	10	11	12	13	14	15
16	17	18	19	20	21	22
23	24	25	26	27	28	29
30	31					

JUNE

		1	2	3	4	5
6	7	8	9	10	11	12
13	14	15	16	17	18	19
20	21	22	23	24	25	26
27	28	29	30			

JULY

				1	2	3
4	5	6	7	8	9	10
11	12	13	14	15	16	17
18	19	20	21	22	23	24
25	26	27	28	29	30	31

JUNE

FLAG DAY — **14** | *M*

15 | *T*

16 | *W*

NEW MOON ○ — **17** | *T*

18 | *F*

19 | *S*

FATHER'S DAY — **20** | *S*

Birdhouse, **1989**

MAY

						1
2	3	4	5	6	7	8
9	10	11	12	13	14	15
16	17	18	19	20	21	22
23	24	25	26	27	28	29
30	31					

JUNE

		1	2	3	4	5
6	7	8	9	10	11	12
13	14	15	16	17	18	19
20	21	22	23	24	25	26
27	28	29	30			

JULY

				1	2	3
4	5	6	7	8	9	10
11	12	13	14	15	16	17
18	19	20	21	22	23	24
25	26	27	28	29	30	31

JUNE

21 | *M* SUMMER SOLSTICE

22 | *T*

23 | *W*

24 | *T*

25 | *F*

26 | *S*

27 | *S*

Landing, **1993**

MAY

						1
2	3	4	5	6	7	8
9	10	11	12	13	14	15
16	17	18	19	20	21	22
23	24	25	26	27	28	29
30	31					

JUNE

		1	2	3	4	5
6	7	8	9	10	11	12
13	14	15	16	17	18	19
20	21	22	23	24	25	26
27	28	29	30			

JULY

				1	2	3
4	5	6	7	8	9	10
11	12	13	14	15	16	17
18	19	20	21	22	23	24
25	26	27	28	29	30	31

28 | *M*

29 | *T*

30 | *W*

CANADA DAY (CANADA) 1 | *T*

Field Stones, **1989**

FULL MOON ● 2 | *F*

3 | *S*

INDEPENDENCE DAY 4 | *S*

JUNE

		1	2	3	4	5
6	7	8	9	10	11	12
13	14	15	16	17	18	19
20	21	22	23	24	25	26
27	28	29	30			

JULY

				1	2	3
4	5	6	7	8	9	10
11	12	13	14	15	16	17
18	19	20	21	22	23	24
25	26	27	28	29	30	31

AUGUST

1	2	3	4	5	6	7
8	9	10	11	12	13	14
15	16	17	18	19	20	21
22	23	24	25	26	27	28
29	30	31				

JULY

5 | *M*

6 | *T*

7 | *W*

Compositional, **2002**

8 | *T*

9 | *F*

10 | *S*

11 | *S*

JUNE

		1	2	3	4	5
6	7	8	9	10	11	12
13	14	15	16	17	18	19
20	21	22	23	24	25	26
27	28	29	30			

JULY

				1	2	3
4	5	6	7	8	9	10
11	12	13	14	15	16	17
18	19	20	21	22	23	24
25	26	27	28	29	30	31

AUGUST

1	2	3	4	5	6	7
8	9	10	11	12	13	14
15	16	17	18	19	20	21
22	23	24	25	26	27	28
29	30	31				

JULY

12 | *M*

13 | *T*

BASTILLE DAY (FRANCE) 14 | *W*

15 | *T*

Ride, **1989**

16 | *F*

NEW MOON ○ 17 | *S*

18 | *S*

JUNE

		1	2	3	4	5
6	7	8	9	10	11	12
13	14	15	16	17	18	19
20	21	22	23	24	25	26
27	28	29	30			

JULY

				1	2	3
4	5	6	7	8	9	10
11	12	13	14	15	16	17
18	19	20	21	22	23	24
25	26	27	28	29	30	31

AUGUST

1	2	3	4	5	6	7
8	9	10	11	12	13	14
15	16	17	18	19	20	21
22	23	24	25	26	27	28
29	30	31				

JULY

19 | *M*

20 | *T*

21 | *W*

Flying Puppy, **1989**

22 | *T*

JUNE

		1	2	3	4	5
6	7	8	9	10	11	12
13	14	15	16	17	18	19
20	21	22	23	24	25	26
27	28	29	30			

23 | *F*

JULY

				1	2	3
4	5	6	7	8	9	10
11	12	13	14	15	16	17
18	19	20	21	22	23	24
25	26	27	28	29	30	31

24 | *S*

AUGUST

1	2	3	4	5	6	7
8	9	10	11	12	13	14
15	16	17	18	19	20	21
22	23	24	25	26	27	28
29	30	31				

25 | *S* PARENTS' DAY

26 | *M*

27 | *T*

28 | *W*

29 | *T*

Rocky, **1990**

JULY

				1	2	3
4	5	6	7	8	9	10
11	12	13	14	15	16	17
18	19	20	21	22	23	24
25	26	27	28	29	30	31

30 | *F*

AUGUST

1	2	3	4	5	6	7
8	9	10	11	12	13	14
15	16	17	18	19	20	21
22	23	24	25	26	27	28
29	30	31				

FULL MOON ●

31 | *S*

SEPTEMBER

			1	2	3	4
5	6	7	8	9	10	11
12	13	14	15	16	17	18
19	20	21	22	23	24	25
26	27	28	29	30		

FRIENDSHIP DAY

1 | *S*

AUGUST

2 | *M*

3 | *T*

4 | *W*

Found, **1989**

5 | *T*

JULY

				1	2	3
4	5	6	7	8	9	10
11	12	13	14	15	16	17
18	19	20	21	22	23	24
25	26	27	28	29	30	31

6 | *F*

AUGUST

1	2	3	4	5	6	7
8	9	10	11	12	13	14
15	16	17	18	19	20	21
22	23	24	25	26	27	28
29	30	31				

7 | *S*

SEPTEMBER

			1	2	3	4
5	6	7	8	9	10	11
12	13	14	15	16	17	18
19	20	21	22	23	24	25
26	27	28	29	30		

8 | *S*

AUGUST

9 | *M*

10 | *T*

11 | *W*

12 | *T*

Hand Held, **1989**

13 | *F*

14 | *S*

15 | *S*

JULY

				1	2	3
4	5	6	7	8	9	10
11	12	13	14	15	16	17
18	19	20	21	22	23	24
25	26	27	28	29	30	31

AUGUST

1	2	3	4	5	6	7
8	9	10	11	12	13	14
15	16	17	18	19	20	21
22	23	24	25	26	27	28
29	30	31				

SEPTEMBER

			1	2	3	4
5	6	7	8	9	10	11
12	13	14	15	16	17	18
19	20	21	22	23	24	25
26	27	28	29	30		

AUGUST

16 | *M* NEW MOON ○

17 | *T*

18 | *W*

19 | *T*

20 | *F*

21 | *S*

22 | *S*

Pup & Pony, **2001**

JULY

				1	2	3
4	5	6	7	8	9	10
11	12	13	14	15	16	17
18	19	20	21	22	23	24
25	26	27	28	29	30	31

AUGUST

1	2	3	4	5	6	7
8	9	10	11	12	13	14
15	16	17	18	19	20	21
22	23	24	25	26	27	28
29	30	31				

SEPTEMBER

			1	2	3	4
5	6	7	8	9	10	11
12	13	14	15	16	17	18
19	20	21	22	23	24	25
26	27	28	29	30		

AUGUST

23 | *M*

24 | *T*

25 | *W*

26 | *T*

Pup Prop, **1995**

27 | *F*

28 | *S*

29 | *S*

JULY

				1	2	3
4	5	6	7	8	9	10
11	12	13	14	15	16	17
18	19	20	21	22	23	24
25	26	27	28	29	30	31

AUGUST

1	2	3	4	5	6	7
8	9	10	11	12	13	14
15	16	17	18	19	20	21
22	23	24	25	26	27	28
29	30	31				

SEPTEMBER

			1	2	3	4
5	6	7	8	9	10	11
12	13	14	15	16	17	18
19	20	21	22	23	24	25
26	27	28	29	30		

AUGUST &
SEPTEMBER

30 | *M* FULL MOON ●

31 | *T*

1 | *W*

2 | *T*

3 | *F*

4 | *S*

5 | *S*

Voyager, **1995**

AUGUST

1	2	3	4	5	6	7
8	9	10	11	12	13	14
15	16	17	18	19	20	21
22	23	24	25	26	27	28
29	30	31				

SEPTEMBER

			1	2	3	4
5	6	7	8	9	10	11
12	13	14	15	16	17	18
19	20	21	22	23	24	25
26	27	28	29	30		

OCTOBER

					1	2
3	4	5	6	7	8	9
10	11	12	13	14	15	16
17	18	19	20	21	22	23
24	25	26	27	28	29	30
31						

RAY

SEPTEMBER

LABOR DAY **6** | *M*

7 | *T*

8 | *W*

9 | *T*

10 | *F*

11 | *S*

NATIONAL GRANDPARENTS DAY **12** | *S*

Ray, **2002**

AUGUST

1	2	3	4	5	6	7
8	9	10	11	12	13	14
15	16	17	18	19	20	21
22	23	24	25	26	27	28
29	30	31				

SEPTEMBER

			1	2	3	4
5	6	7	8	9	10	11
12	13	14	15	16	17	18
19	20	21	22	23	24	25
26	27	28	29	30		

OCTOBER

					1	2
3	4	5	6	7	8	9
10	11	12	13	14	15	16
17	18	19	20	21	22	23
24	25	26	27	28	29	30
31						

SEPTEMBER

13 | *M*

14 | *T* NEW MOON ○

15 | *W* ROSH HASHANAH (BEGINS SUNDOWN)

16 | *T*

17 | *F* CITIZENSHIP DAY

18 | *S*

19 | *S*

Aisle 9, **2001**

AUGUST

1	2	3	4	5	6	7
8	9	10	11	12	13	14
15	16	17	18	19	20	21
22	23	24	25	26	27	28
29	30	31				

SEPTEMBER

			1	2	3	4
5	6	7	8	9	10	11
12	13	14	15	16	17	18
19	20	21	22	23	24	25
26	27	28	29	30		

OCTOBER

					1	2
3	4	5	6	7	8	9
10	11	12	13	14	15	16
17	18	19	20	21	22	23
24	25	26	27	28	29	30
31						

SEPTEMBER

20 | *M*

21 | *T*

AUTUMNAL EQUINOX

22 | *W*

23 | *T*

Rock Island, **2001**

24 | *F*

YOM KIPPUR (BEGINS SUNDOWN)

25 | *S*

26 | *S*

AUGUST

1	2	3	4	5	6	7
8	9	10	11	12	13	14
15	16	17	18	19	20	21
22	23	24	25	26	27	28
29	30	31				

SEPTEMBER

			1	2	3	4
5	6	7	8	9	10	11
12	13	14	15	16	17	18
19	20	21	22	23	24	25
26	27	28	29	30		

OCTOBER

					1	2
3	4	5	6	7	8	9
10	11	12	13	14	15	16
17	18	19	20	21	22	23
24	25	26	27	28	29	30
31						

SEPTEMBER *&*
OCTOBER

27 | *M*

28 | *T*

FULL MOON ●

29 | *W*

On Deck, **1993**

30 | *T*

SEPTEMBER

			1	2	3	4
5	6	7	8	9	10	11
12	13	14	15	16	17	18
19	20	21	22	23	24	25
26	27	28	29	30		

1 | *F*

OCTOBER

					1	2
3	4	5	6	7	8	9
10	11	12	13	14	15	16
17	18	19	20	21	22	23
24	25	26	27	28	29	30
31						

2 | *S*

NOVEMBER

	1	2	3	4	5	6
7	8	9	10	11	12	13
14	15	16	17	18	19	20
21	22	23	24	25	26	27
28	29	30				

3 | *S*

OCTOBER

4 | *M*

5 | *T*

6 | *W*

7 | *T*

8 | *F*

9 | *S*

NATIONAL CHILDREN'S DAY

10 | *S*

The Controller, **1999**

SEPTEMBER

			1	2	3	4
5	6	7	8	9	10	11
12	13	14	15	16	17	18
19	20	21	22	23	24	25
26	27	28	29	30		

OCTOBER

					1	2
3	4	5	6	7	8	9
10	11	12	13	14	15	16
17	18	19	20	21	22	23
24	25	26	27	28	29	30
31						

NOVEMBER

	1	2	3	4	5	6
7	8	9	10	11	12	13
14	15	16	17	18	19	20
21	22	23	24	25	26	27
28	29	30				

OCTOBER

11 | *M* COLUMBUS DAY (OBSERVED)
THANKSGIVING DAY (CANADA)

12 | *T* COLUMBUS DAY

13 | *W*

14 | *T* NEW MOON ○

15 | *F* RAMADAN (BEGINS SUNDOWN)

16 | *S*

17 | *S* TEEN READ WEEK BEGINS

Dream Puff, **1993**

SEPTEMBER

			1	2	3	4
5	6	7	8	9	10	11
12	13	14	15	16	17	18
19	20	21	22	23	24	25
26	27	28	29	30		

OCTOBER

					1	2
3	4	5	6	7	8	9
10	11	12	13	14	15	16
17	18	19	20	21	22	23
24	25	26	27	28	29	30
31						

NOVEMBER

	1	2	3	4	5	6
7	8	9	10	11	12	13
14	15	16	17	18	19	20
21	22	23	24	25	26	27
28	29	30				

OCTOBER

18 | *M*

19 | *T*

20 | *W*

21 | *T*

Petals, **1999**

22 | *F*

23 | *S*

UNITED NATIONS DAY

24 | *S*

SEPTEMBER

			1	2	3	4
5	6	7	8	9	10	11
12	13	14	15	16	17	18
19	20	21	22	23	24	25
26	27	28	29	30		

OCTOBER

					1	2
3	4	5	6	7	8	9
10	11	12	13	14	15	16
17	18	19	20	21	22	23
24	25	26	27	28	29	30
31						

NOVEMBER

	1	2	3	4	5	6
7	8	9	10	11	12	13
14	15	16	17	18	19	20
21	22	23	24	25	26	27
28	29	30				

OCTOBER

25 | *M*

26 | *T*

27 | *W*

Looker, **1999**

28 | *T* FULL MOON ●

SEPTEMBER

			1	2	3	4
5	6	7	8	9	10	11
12	13	14	15	16	17	18
19	20	21	22	23	24	25
26	27	28	29	30		

29 | *F*

OCTOBER

					1	2
3	4	5	6	7	8	9
10	11	12	13	14	15	16
17	18	19	20	21	22	23
24	25	26	27	28	29	30
31						

30 | *S*

NOVEMBER

	1	2	3	4	5	6
7	8	9	10	11	12	13
14	15	16	17	18	19	20
21	22	23	24	25	26	27
28	29	30				

31 | *S* HALLOWEEN
DAYLIGHT SAVING TIME ENDS

NOVEMBER

1 | *M*

ELECTION DAY

2 | *T*

3 | *W*

4 | *T*

Suede, **2002**

5 | *F*

6 | *S*

7 | *S*

OCTOBER

					1	2
3	4	5	6	7	8	9
10	11	12	13	14	15	16
17	18	19	20	21	22	23
24	25	26	27	28	29	30
31						

NOVEMBER

	1	2	3	4	5	6
7	8	9	10	11	12	13
14	15	16	17	18	19	20
21	22	23	24	25	26	27
28	29	30				

DECEMBER

			1	2	3	4
5	6	7	8	9	10	11
12	13	14	15	16	17	18
19	20	21	22	23	24	25
26	27	28	29	30	31	

NOVEMBER

8 | *M*

9 | *T*

10 | *W*

11 | *T*

VETERANS DAY
REMEMBERANCE DAY (CANADA)

12 | *F*

NEW MOON ○

13 | *S*

EID AL-FITR (BEGINS SUNDOWN)

14 | *S*

Home, **2001**

OCTOBER

					1	2
3	4	5	6	7	8	9
10	11	12	13	14	15	16
17	18	19	20	21	22	23
24	25	26	27	28	29	30
31						

NOVEMBER

	1	2	3	4	5	6
7	8	9	10	11	12	13
14	15	16	17	18	19	20
21	22	23	24	25	26	27
28	29	30				

DECEMBER

			1	2	3	4
5	6	7	8	9	10	11
12	13	14	15	16	17	18
19	20	21	22	23	24	25
26	27	28	29	30	31	

FIDO

NOVEMBER

NATIONAL CHILDREN'S BOOK WEEK BEGINS

15 | *M*

16 | *T*

17 | *W*

18 | *T*

19 | *F*

20 | *S*

21 | *S*

Fido, **1995**

OCTOBER

					1	2
3	4	5	6	7	8	9
10	11	12	13	14	15	16
17	18	19	20	21	22	23
24	25	26	27	28	29	30
31						

NOVEMBER

	1	2	3	4	5	6
7	8	9	10	11	12	13
14	15	16	17	18	19	20
21	22	23	24	25	26	27
28	29	30				

DECEMBER

			1	2	3	4
5	6	7	8	9	10	11
12	13	14	15	16	17	18
19	20	21	22	23	24	25
26	27	28	29	30	31	

NOVEMBER

22 | *M*

23 | *T*

24 | *W*

25 | *T* THANKSGIVING DAY

26 | *F* FULL MOON ●

27 | *S*

28 | *S*

Pup Pot, **1993**

OCTOBER

					1	2
3	4	5	6	7	8	9
10	11	12	13	14	15	16
17	18	19	20	21	22	23
24	25	26	27	28	29	30
31						

NOVEMBER

	1	2	3	4	5	6
7	8	9	10	11	12	13
14	15	16	17	18	19	20
21	22	23	24	25	26	27
28	29	30				

DECEMBER

			1	2	3	4
5	6	7	8	9	10	11
12	13	14	15	16	17	18
19	20	21	22	23	24	25
26	27	28	29	30	31	

29 | *M*

30 | *T*

1 | *W*

2 | *T*

3 | *F*

4 | *S*

5 | *S*

Pup Cup, 2001

NOVEMBER

	1	2	3	4	5	6
7	8	9	10	11	12	13
14	15	16	17	18	19	20
21	22	23	24	25	26	27
28	29	30				

DECEMBER

			1	2	3	4
5	6	7	8	9	10	11
12	13	14	15	16	17	18
19	20	21	22	23	24	25
26	27	28	29	30	31	

JANUARY

						1
2	3	4	5	6	7	8
9	10	11	12	13	14	15
16	17	18	19	20	21	22
23	24	25	26	27	28	29
30	31					

DECEMBER

6 | *M*

7 | *T*

HANUKKAH (BEGINS SUNDOWN)

8 | *W*

9 | *T*

10 | *F*

11 | *S*

12 | *S*

NEW MOON ○

Nest, **1995**

NOVEMBER

	1	2	3	4	5	6
7	8	9	10	11	12	13
14	15	16	17	18	19	20
21	22	23	24	25	26	27
28	29	30				

DECEMBER

			1	2	3	4
5	6	7	8	9	10	11
12	13	14	15	16	17	18
19	20	21	22	23	24	25
26	27	28	29	30	31	

JANUARY

						1
2	3	4	5	6	7	8
9	10	11	12	13	14	15
16	17	18	19	20	21	22
23	24	25	26	27	28	29
30	31					

DECEMBER

13 | *M*

14 | *T*

15 | *W*

16 | *T*

17 | *F*

18 | *S*

19 | *S*

Snowman Bed, **1999**

NOVEMBER

	1	2	3	4	5	6
7	8	9	10	11	12	13
14	15	16	17	18	19	20
21	22	23	24	25	26	27
28	29	30				

DECEMBER

			1	2	3	4
5	6	7	8	9	10	11
12	13	14	15	16	17	18
19	20	21	22	23	24	25
26	27	28	29	30	31	

JANUARY

						1
2	3	4	5	6	7	8
9	10	11	12	13	14	15
16	17	18	19	20	21	22
23	24	25	26	27	28	29
30	31					

DECEMBER

20 | *M*

21 | *T* WINTER SOLSTICE

22 | *W*

23 | *T*

24 | *F*

25 | *S* CHRISTMAS DAY

26 | *S* KWANZAA BEGINS
BOXING DAY (CANADA)
FULL MOON ●

Gift, **2002**

NOVEMBER

	1	2	3	4	5	6
7	8	9	10	11	12	13
14	15	16	17	18	19	20
21	22	23	24	25	26	27
28	29	30				

DECEMBER

			1	2	3	4
5	6	7	8	9	10	11
12	13	14	15	16	17	18
19	20	21	22	23	24	25
26	27	28	29	30	31	

JANUARY

						1
2	3	4	5	6	7	8
9	10	11	12	13	14	15
16	17	18	19	20	21	22
23	24	25	26	27	28	29
30	31					

CAFE

27 | *M*

28 | *T*

29 | *W*

30 | *T*

31 | *F*

NEW YEAR'S DAY 1 | *S*

2 | *S*

Messy Room, **2002**

DECEMBER

			1	2	3	4
5	6	7	8	9	10	11
12	13	14	15	16	17	18
19	20	21	22	23	24	25
26	27	28	29	30	31	

JANUARY

						1
2	3	4	5	6	7	8
9	10	11	12	13	14	15
16	17	18	19	20	21	22
23	24	25	26	27	28	29
30	31					

FEBRUARY

		1	2	3	4	5
6	7	8	9	10	11	12
13	14	15	16	17	18	19
20	21	22	23	24	25	26
27	28					

2005

JANUARY

						1
2	3	4	5	6	7	8
9	10	11	12	13	14	15
16	17	18	19	20	21	22
23	24	25	26	27	28	29
30	31					

FEBRUARY

		1	2	3	4	5
6	7	8	9	10	11	12
13	14	15	16	17	18	19
20	21	22	23	24	25	26
27	28					

MARCH

		1	2	3	4	5
6	7	8	9	10	11	12
13	14	15	16	17	18	19
20	21	22	23	24	25	26
27	28	29	30	31		

APRIL

					1	2
3	4	5	6	7	8	9
10	11	12	13	14	15	16
17	18	19	20	21	22	23
24	25	26	27	28	29	30

MAY

1	2	3	4	5	6	7
8	9	10	11	12	13	14
15	16	17	18	19	20	21
22	23	24	25	26	27	28
29	30	31				

JUNE

			1	2	3	4
5	6	7	8	9	10	11
12	13	14	15	16	17	18
19	20	21	22	23	24	25
26	27	28	29	30		

JULY

					1	2
3	4	5	6	7	8	9
10	11	12	13	14	15	16
17	18	19	20	21	22	23
24	25	26	27	28	29	30
31						

AUGUST

	1	2	3	4	5	6
7	8	9	10	11	12	13
14	15	16	17	18	19	20
21	22	23	24	25	26	27
28	29	30	31			

SEPTEMBER

				1	2	3
4	5	6	7	8	9	10
11	12	13	14	15	16	17
18	19	20	21	22	23	24
25	26	27	28	29	30	

OCTOBER

						1
2	3	4	5	6	7	8
9	10	11	12	13	14	15
16	17	18	19	20	21	22
23	24	25	26	27	28	29
30	31					

NOVEMBER

		1	2	3	4	5
6	7	8	9	10	11	12
13	14	15	16	17	18	19
20	21	22	23	24	25	26
27	28	29	30			

DECEMBER

				1	2	3
4	5	6	7	8	9	10
11	12	13	14	15	16	17
18	19	20	21	22	23	24
25	26	27	28	29	30	31

Fay's Litter, **1989**

NOTES

Long Ago, Far Away, **1989**

DESIGN
Empire Design Studio, NYC

PHOTOGRAPHY COPYRIGHT

COMPILATION COPYRIGHT

Published in 2003 by
Harry N. Abrams, Inc., New York

ABRAMS

Harry N. Abrams, Inc.
100 Fifth Avenue
New York, NY 10011
www.abramsbooks.com

Abrams is a subsidiary of

LA MARTINIÈRE
GROUPE

Printed in Hong Kong

FRONT COVER
Suede, **2002**

TITLE PAGE
Foot Forward, **2001**

BACK COVER
Pup Cup, **2001**